J'ai voulu te le dire mais j'ai préféré te l'écrire

Ismaïl Drira
Le Sorcier

Photographie par **Maximus**

Dans ce recueil de poésies contemporaines, il n'y figure nulle présomption à vouloir rivaliser avec Baudelaire dans ses somptueux vers, ni à atteindre la rhétorique de Molière. Mes intentions sont claires et mes raisons sont sincères. Elles sont d'apporter au bouquet du monde poétique une petite fleur nourrie par les lumières des mille et une beautés de la Terre. « *L'expression orale est primordiale à l'oxygénation de notre âme* ». Le Sorcier.

Un grand merci du fond du cœur à mon frère Maximus pour sa grande contribution à ce recueil de poème, tout particulièrement pour ses magnifiques photos qui donnent à ce livre une tout autre portée. Je remercie aussi Valérie Riou, Amal Hamdaoui et Dounia Benameur pour leurs corrections et très précieux conseils.

Sommaire

Mot de l'auteur
Poème N°1 : Couleur d'émeraude
Poème N°2 : Lune d'été
Poème N°3 : Ici-bas
Poème N°4 : Persévérance
Poème N°5 : Les mains vers le ciel
Poème N°6 : Je pense au présent
Poème N°7 : L'amour
Poème N°8 : Amour spontané
Poème N°9 : En vue de 'Firdaws' et de lumières
Poème N°10 : Hôte de marque de l'univers
Poème N°11 : T'aimer pour l'éternité
Poème N°12 : Amour viscéral
Poème N°13 : Accepte ton destin
Poème N°14 : La vie nous dit ce qui suit
Poème N°15 : Rêve devenu réalité
Poème N°16 : Le cœur
Poème N°17 : Vers le paradis
Poème N°18 : Flamme d'amour
Poème N°19 : L'art d'aimer
Poème N°20 : Le Dieu glorieux
Poème N°21 : Exaucé
Poème N°22 : Réflexion spirituelle
Poème N°23 : Éphémère
Poème N°24 : Montagne majestueuse
Poème N°25 : Le séquoia
Poème N°26 : Mes amours
Poème N°27 : Beauté omniprésente
Poème N°28 : Firmament ensoleillé
Poème N°29 : Espoir
Poème N°30 : L'épicurien
Poème N°31 : Beauté parfumée
Poème N°32 : Vie déferlante

Poème N°33 : **Les abîmes du désarroi**
Poème N°34 : **Les femmes**
Poème N°35 : **Smaele dévoilé**
Poème N°36 : **Vice**
Poème N°37 : **Accorde-moi le temps**
Poème N°38 : **Qualités à développer**
Poème N°39 : **Varié mais sensé**
Poème N°40 : **Mon petit colibri**
Poème N°41 : **Ma douce magnolia**
Poème N°42 : **Regard hypnotisant**
Poème N°43 : **Un sourire rayonnant**
Poème N°44 : **Sous l'effet de ta beauté**
Poème N°45 : **Mon souhait**
Poème N°46 : **Croquer la vie**
Poème N°47 : **Corps obnubilé**
Poème N°48 : **Le poète highlander**
Poème N°49 : **Perfection**
Poème N°50 : **Attiré par les belles demoiselles**
Poème N°51 : **Picnolepsie**
Poème N°52 : **Pure beauté d'Alsace**
Poème N°53 : **Tu m'embellis**
Poème N°54 : **Renaissant tel un phénix**
Poème N°55 : **Le jovialiste**
Poème N°56 : **Traverser de vastes contrées**
Poème N°57 : **Rome la bellissime**
Poème N°58 : **Un manque à combler**
Poème N°59 : **Sans arrière-pensée**
Poème N°60 : **L'amour est magique**
Poème N°61 : **Confiner la sainteté**
Poème N°62 : **Ouverture**
Poème N°63 : **Versailles**
Poème N°64 : **Tour Eiffel**
Poème N°65 : **Élixir**
Poème N°66 : **La langue du cœur**
Poème N°67 : **Les flèches de Cupidon**
Poème N°68 : **Dieu de toi à moi**

Poème N°69 : **Bien et nature ne font qu'un**
Poème N°70 : **Arrêt sur image**
Poème N°71 : **Cet être**
Poème N°72 : **Subtilité et démesure**
Poème N°73 : **Un regard désarmant**
Poème N°74 : **Je préfère vivre comme ceci**
Poème N°75 : **Le bonheur se fait rare**
Poème N°76 : **Il me faut une éternité pour t'admirer**
Poème N°77 : **Chef d'œuvre de beauté**
Poème N°78 : **Sentiment embarrassant**
Poème N°79 : **Plus ressemblant que différent**
Poème N°80 : **Ce qu'ont de plus les ravissantes demoiselles**
Poème N°81 : **Leçon inestimable**
Poème N°82 : **Amour disjoncté**
Poème N°83 : **Être sublime preuve du Magnanime**
Poème N°84 : **Source d'inspiration et de vie**
Poème N°85 : **Langage d'orang-outan**
Poème N°86 : **A cœur découvert**
Poème N°87: **Chants du firmament**
Poème N°88 : **Plus beau**
Poème N°89: **Soleil levant**
Poème N°90 : **Accepte-moi**
Poème N°91 : **Le jeune intrépide**
Poème N°92 : **Il se reconstruit**
Poème N°93 : **On demanda**
Poème N°94: **Brise spirituelle**
Poème N°95: **Beauté qu'on ne peut décrire**
Poème N°96 : **Sous l'effet de l'amour**
Poème N°97: **En tête de liste pour le départ**
Poème N°98: **Sucre mirabelle**
Poème N°99 : **Je veux te plaire**
Poème N°100 : **Cheveux d'or**
Poème N°101 : **Tu es si belle**
Poème N°102: **Mohammed**
Poème N°103 : **Avez-vous déjà vu?**
Poème N°104 : **Négociation**

Poème N°105 : **Sagesse à l'écossaise**
Poème N°106 : **Le Miséricordieux**
Poème N°107: **Que j'en laisse mes mains saigner**
Poème N°108: **Les fleurs ne fanent jamais sous tes doigts**
Poème N°109 : **Fleurs, roses, cactus**
Poème N°110 : **La fierté des saisons**
Poème N°111: **J'en applaudis les cieux**
Poème N°112 : **Beauté surpuissante**
Poème N°113 : **Zoé**

Hardangerfjord, Norvège

1- Couleur d'émeraude

Émerveillé par l'immense ardeur du Soleil levant

Mes yeux regardent en méditant

Sérénité et amertume se sont réconciliées

Un aigle royal dans l'air pur a chanté

Le ciel de l'aube est d'un bleu émeraude et velouté

C'est le plus beau des oiseaux qui s'élève et qui chante

Écoute les montagnes sont frémissantes d'attente

Mon chant vers les esprits, l'oiseau vers les cieux

Sous nos yeux miracles et prophéties se sont produits

Subtilité des senteurs, nuance de couleurs

Reste preuve unique du Créateur

2- Lune d'été

Quand la lune d'été éclaire les nuits

Ta pensée me rafraîchit

Une idée en moi surgit

Et le désir de te rencontrer s'éveille en moi

Anime mes pas vers toi

Soudain une lueur d'une grande splendeur s'approche vers moi

J'essaye de la prendre pour toi

Si toutefois une lumière ne s'attrape pas

Elle m'éclaire tout comme toi

3- Ici-bas

Ici-bas tous les êtres naissent et meurent

Tous les chants n'ont pas les mêmes valeurs

Je rêve d'une vie meilleure

Ici-bas précieuse est la vie

Hommes riches et démunis en bénéficient

La prendre est sacrilège, l'aimer est privilège

Je rêve de savoir en profiter avant de regretter

Ici-bas or et objets de valeur

Animent conquêtes depuis de nombreux siècles

En vue d'honneurs et privilèges

Je rêve d'une demeure proche du Créateur

4- Persévérance

J'ai appris à marcher

Nombreux furent les jours où tomber

Remplissait mes journées

J'ai appris à nager

Nombreuses furent les fois où j'ai failli me noyer

Maintenant que patience et maturité

Me maintiennent sur pied

En regardant ce que Dieu a créé

Je me noie sans résister

Là où seule la vérité peut m'emmener

5- Les mains vers le ciel

Avant, je donnais ma main à qui voulait la prendre

Aujourd'hui que ma voie est définie

Je lève mes mains seulement à celui capable de m'entendre

Quand d'autres près de moi n'entendent pas ce que je dis

Trolltunga, Norvège

6- Je pense au présent

On vit ici-bas comme si la mort n'existait pas

On pense à l'avenir comme si le présent n'existait pas

On craint les jours de disette

Comme si les journées de fête n'existaient pas

Qui à une heure de l'après-midi pense que la nuit viendra ?

Qui à vingt ans se voit grand-père assis sur un divan ?

Sachez que la santé ne s'achète pas

Que la vie continue et ne s'arrête pas

Que c'est divin de créer un être humain

7- L'amour

L'amour est un soleil dont le monde entier

A besoin afin d'en être éclairé

Tout le monde en parle, tout le monde voudrait en profiter

L'amour aveugle tous ceux qui le regardent de trop près

L'amour enflamme tous ceux qui aiment avec excès

L'amour inspire nos cœurs,

Parfume nos vies comme le font les fleurs

L'amour illumine nos jours

Rayonne à l'intérieur comme une lueur

L'amour est un trésor que tout le monde voudrait trouver

Mais il n'existe à mon grand regret,

Ni carte, ni route pour l'indiquer

Tout ce que je sais, c'est que l'amour est un bonheur

Pour tous ceux qui aiment avec leur cœur

8- Amour Spontané

La première fois que nos regards se sont croisés

Ça aurait pu durer jusqu'à l'éternité

Ce jour-là, le rossignol chantait,

Le Soleil brillait, comme jamais

Les amoureux s'enflammèrent

D'un amour acharné

Les cœurs se rapprochèrent à

S'entendre battre et respirer

Pour moi, on aurait pu dire à l'oiseau d'arrêter de chanter

Au ruisseau d'arrêter de couler

À la Terre d'arrêter de tourner

Mais pas à mon cœur de ne plus t'aimer

9- En vue de *Firdaws* et de lumière

Fouillez terres et mers

Parcourez montagnes et rivières

En vue de sciences et de prières

Pour qui rêve de *Firdaws* et de lumière

Dieu Créateur des sept cieux et des sept terres

T'inscrive parmi ceux à qui *Ma'wa* leur est offert

10- Hôte de marque de l'Univers

Hôte de marque d'un univers qui n'a point de pareil

Je vis, portant mon intention

Sur ce que porte la Terre

Illuminé par un soleil empli de lumières

Je reste émerveillé des vagues parcourant les mers

L'air m'inspire humilité envers tout ce que Dieu a créé

Une vie se limite certes en jours et en années

Mais l'instant présent est une éternité

11- T'aimer pour l'éternité

Je veux une nouvelle vie avec toi

Pour me rappeler qu'il n'y a pas d'amour sans toi

Une vie de roi ne se vit qu'avec toi

Quand je sentis ton parfum la première fois

Un air de paradis respirait en moi

De toi à moi, je me fane sans toi

J'ai demandé à mon cœur mille et une fois

Pourquoi t'aimer était si facile pour moi

Il me répondit qu'il est facile d'aimer

Quand l'âme sœur est trouvée

12- Amour viscéral

Intimidé de te dire face à face combien je t'aime

Je t'écris ce poème

Délivrant ainsi mon cœur de la gêne

Mon esprit tourmenté

Par mille et une pensées

Qui te sont dédiées

Suscita en moi une envie viscérale de te rencontrer

En lisant ce poème, tu honores l'être qui te l'a envoyé

En espérant que tu veuilles me rencontrer

Patiemment je t'attendrai

En me remémorant ton sourire

Qui brille en mon cœur comme une lueur

13- Accepte ton destin

Prends la vie comme elle te vient

Plus facilement tu accepteras ton destin

Ni peur ni crainte tu auras demain

Ta vie comme la mienne est entre Ses mains

Priez, invoquez, vous serez guidés sur le droit chemin

Qui croit et se satisfait devient serein

C'est ce que les croyants d'ici

Et les habitants du paradis ont en commun

Sydney, Australie

14- La vie nous dit ce qui suit

La vie est comme une musique

Certains l'entendent comme une symphonie

Et pour d'autres elle résonne comme un cri

La vie est comme un refuge

Certains s'y sentent comme dans un nid

Et d'autres se trouvent sans abri

La vie est comme une famille

Certains sont heureux parce qu'ils sont réunis

Et d'autres sont malheureux parce qu'ils sont désunis

À mon avis, la vie est comme le monde où l'on est

Tous les jours, elle tourne et nous rappelle que le temps nous est

compté

Elle est belle comme une journée d'été

Pour qui la prend comme elle est

Elle est sombre pour qui ne voit que son autre côté

15- Rêve devenu Réalité

Je fais souvent le même rêve d'une belle femme

Charmante et surprenante

Qui m'aime et me convienne

Et qui me rappelle à chaque fois combien je l'aime

Je la vis soudain un jour

Aussi belle qu'un arc-en-ciel

Ses couleurs étaient en elle

Foudroyé par l'amour

Je ne fis plus la différence entre la nuit et le jour

Je m'appelle Naturelle me dit-elle

Et son visage blanc était

Aussi resplendissant qu'un rayon de Soleil

16- Le cœur

Le plus important ce n'est pas l'aspect extérieur

Mais c'est l'organe indispensable à la vie

Qui nous définit à l'intérieur

Vous le connaissez, il se nomme le cœur

Nourri d'amours et d'espoirs il resplendit

À l'instar d'une blanchâtre lueur

Privé de ses qualités qui le rendent meilleur

Vient s'emparer de nous une âcre laideur

Qui le change en sombre noirceur

Sincérité, noble valeur

Nous dirige vers la quête éternelle du bonheur

Et demeure l'acte du cœur préféré du Créateur

17- Vers le paradis

Vénérez l'unique Créateur

Et invoquez-le avec ferveur

Aimez Ses messagers avec ardeur

Usez de douceur

Envers vos frères et sœurs

Donnez de ce qu'Il vous a octroyé avec générosité

Heureux vous serez le jour du Jugement Dernier

Ces illustres valeurs

Conduisent l'homme vers les plus hautes demeures

Refuges de ses humbles serviteurs

Recouverts de dignité

De la tête aux pieds

Entourés de magnifiques palais

Où les femmes sont d'une rare beauté

Décorés de jardins d'une immense splendeur

S'y trouve des fleurs de toutes les couleurs

Où l'éternité est de rigueur

Le paradis tant convoité du Pourvoyeur

Miami, Floride, USA

18- Flamme d'amour

M'efforçant depuis plus d'un an

À tourner la page de notre envoûtante histoire

Et d'aller de l'avant

Voilà que je te revois ce soir

Resplendissante et stupéfiante à la fois

La flamme que j'ai toujours eue pour toi se raviva

Elle était restée allumée

Comme la première fois

Où l'on s'est rencontrés

Ce fameux jour où je fus pris

D'une incontrôlable frénésie

Un amour spontané

Une attirance instantanée m'embrasait

Les traits de mon visage me trahissaient

Et à peu de chose près

Je passais

Pour un fou ensorcelé

C'est véritablement l'effet que tu me faisais

Ces merveilleux souvenirs

Me redonnèrent envie de te reconquérir

Ce que j'ai enfin compris aujourd'hui

C'est que toutes flammes non éteintes, d'anciennes passions

Tôt ou tard réapparaîtront

19- L'art d'aimer

Ce n'est pas par hasard

Que se sont croisés nos regards

En te regardant mon désespoir se dissipe

Laissant place à l'espoir

Car tu es pour moi plus belle

Qu'une œuvre d'art

Savourant notre histoire

Tel un dégustateur appréciant un bon caviar

Ce sont les émotions que mon cœur porte à ton égard

Chaque seconde passée à tes côtés

Me donne un avant-goût d'éternité

Me délectant de chaque moment

Essayant d'immortaliser l'instant présent

On ne sait où et quand

Le grand amour nous attend

Ce qui est sûr

C'est que si les grandes aventures durent

C'est qu'elles ne sont jamais prises avec désinvolture

20- Le Dieu glorieux

Ô! Tout Miséricordieux

Maître de l'amour

Façonneur des cieux

De la Terre

Et de ce qui se trouve autour

Demeurant Pardonneur, Absoluteur

Pour toujours

Majestueux

Établi au-dessus des sept cieux

Sur Son trône glorieux

Bienfaiteur envers Ses serviteurs

Séparant les mers salées

De l'eau douce des rivières

Délimitant l'obscurité et la lumière

En y mettant une frontière

Tout ce qu'Il crée

Est limité, sauf Lui

Car l'infini

N'appartient qu'à Lui

21- Exaucé

J'ai erré tant d'années

À flâner dans les sentiers

Espérant rencontrer

Une femme à aimer

Mon souhait s'est exaucé

La fois où je t'ai rencontré

Ce jour-là le bonheur m'attendait

Et toi tu es venue me l'apporter

J'avais cru rêver

Mais j'étais juste pâmé

Par l'effervescence que mes sentiments dégageaient

Jamais je n'oublierai

Ta senteur de jasmin

La douceur de ta peau de satin

Qui fut un honneur à caresser pour mes mains

Depuis ce jour mon être t'appartient

Car tu es ma reine

Et de loin pour moi tu es la plus belle

Et à jamais mon cœur te demeurera fidèle

22- Réflexion spirituelle

Attirant votre attention

Sur quelques réflexions

Pas des révélations

Émanant du

Tout-Puissant

Mais des inspirations

Puisées de la vérité

Non pas des passions

L'opposition n'est pas contradiction

Le spirituel non palpable

Et la tangibilité du matériel

Sont deux éléments concrets

Du monde réel

Car notre vie a un sens

L'Éternel

Vivant au-dessus du ciel

Connaît ce sens

Prescrivant par sa divine connaissance

L'endurance et la patience

Pour qui espère une meilleure existence

L'être humain, juge, voit

Réfléchit selon ce qu'il perçoit

Et ce que nos sens n'arrivent point à percevoir

Nul ne peut le concevoir

Et si pour certain la spiritualité

Reste une porte fermée

C'est que la clé

Qui ouvre l'accès

À cet univers

Est notre sincérité

Quand un esprit éveillé

Voit les signes de la divinité

Dans l'immensité

Indénombrable de la diversité

Et que pour le renfrogner

Le langage des signes reste muet

C'est qu'il y a certaines choses qui n'apparaissent

Que lorsqu'on les regarde avec sagesse

Yosemite National Park, Californie, USA

23- Éphémère

L'existence humaine

Et des espèces animalières

Est courte et souvent précaire

Au sein de la planète

Nimbée de lumière

Le royaume alterné

D'obscurité et de lumière

Notre vie ainsi que nos corps

Formés de chair

Sont éphémères

On ne fait que passer

Tel un éclair

Toute matière

Tôt ou tard

Part en poussière

À l'instar de ce qui existe

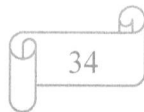

Dans l'univers

Depuis la nuit des temps

Ce qui se trouve au monde est évanescent

Phénomène émanant

De l'Omnipotent

Au savoir omniscient

Qui s'est nommé

Le Tout-Puissant

Car la pérennité de l'humanité

Dépend de Lui

À jamais

24- Montage majestueuse

Les paysages montagneux

Sont des chefs-œuvres

À contempler pour les yeux

Des lieux de méditation

Pour tout poète, et sage

En quête d'inspiration

Ces sommets vertigineux

Imposants et somptueux

En un mot majestueux

Édifiés très haut

Tel le Kilimandjaro

Ou encore le Fujiyama

Emblèmes des civilisations anciennes

Sont les sanctuaires

Des êtres vivants sur Terre

J'ai butiné

Comme une abeille

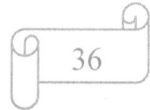

Pour extraire le nectar

De ces cimes qui m'émerveillent

Aiguisant à l'extrême

Mes acuités olfactives et visuelles

Afin de distiller le miel

De ces montagnes qui n'ont point de pareil

Pour vous les décrire en forme de poèmes

Maroon Bells, Colorado, USA

25- Le séquoia

Il y a une beauté

En chaque élément

Pour qui arrive à discerner

Le magnifique et le parfait

Jetez un bref coup d'œil

Sur les forêts

Chacun de ces arbres

Est d'une remarquable beauté

Il y en a un en particulier

Qui suscita mon intérêt

Il est encore là

Toujours dressé

À l'instar de la statue de la liberté

Admiré par les botanistes passionnés

Le légendaire séquoia

Gigantesque de la Sierra Nevada

La flore et la faune qui l'entourent

Sont stupéfiantes

Voilà qu'apparaît un paon

Remuant ses pennes en les agitant

Se démarquant par ses couleurs singulières

Qui le rendent si fier

Le distinguant des animaux ordinaires

Oui je le dis

Car mes yeux sont ouverts

Qu'il y a en chaque parcelle de l'Univers

Quelque chose d'extraordinaire

26- Mes amours

L'amour est bellissime

Et de loin

Le sentiment le plus sublime

Il est nuancé à l'instar

Des saisons de l'année

Différentes et variées

Pour qui arrive à les distinguer

Mes amours les plus estimées

Pour leur angélique bonté

Sont l'amour spontané

Appelé coup de foudre

Dans le langage familier

Célèbre pour sa renommée

Inégalable pour son effet

Abracadabresque

Il a le don

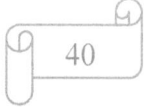

De toucher notre être au plus profond

De mettre nos sentiments en ébullition

Nos émotions en éruption

Et il y a l'amour sincère

Celui qui guide notre être

Et nous fait voir plus clair

Étincelant comme les perles dans la mer

Fleurissant été comme hiver

Nous réchauffant par sa douce lumière

Ne restant plus qu'à mentionner

Mon préféré

Le grand amour tant convoité

Qui perdure au fil des années

Car au plus profond de nous il est ancré

Il illumine nos pas

Le soir comme le jour

Et dans le cœur

Il demeure toujours

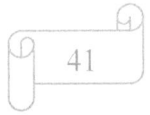

27- Beauté omniprésente

Il m'est aisé

Après ces quelques années

Passées à contempler

D'affirmer que la beauté

Est omniprésente dans l'humanité

Mon regard l'admet

Mon être le reconnaît

Et s'incline en marque de respect

Sans une once de difficulté

Devant cette attrayante vérité

Nombreux l'ont définie

Mais son sens est infini

À mon humble avis

La beauté est un tout

Qu'une fois ses éléments assemblés

Il ne reste plus qu'à admirer

Sa quintessence est la pureté

Elle est en accord parfait

Avec l'impérialité des mers

En symbiose avec la clarté

Verdoyante des espaces verts

Tout cela fait que la beauté exemplaire

De la Terre

Est unique en son genre dans l'Univers

Monument Valley, Utah, USA

28- Firmament ensoleillé

J'ai vu le Soleil se lever

Et de sa clarté

La Terre en était illuminée

Balayant d'un trait

L'obscurité avec ponctualité

Mes yeux l'admiraient

Me délectant à le contempler

Mon esprit tourmenté s'en trouva apaisé

Laissant le firmament guider mes pensées

Sa douce chaleur m'enlaçait

En me murmurant qu'une agréable journée

Serait accordée à qui saurait apprécier

Chaque jour comme le premier

29- Espoir

Physiquement et intellectuellement

L'homme est limité

Du premier jusqu'au dernier

Ainsi avons-nous été créés

Mais l'humain a été doté

D'un trésor

Plus précieux que les diamants et l'or

Intouchable et non palpable

Il est inodore

Sa seule couleur

Est celle de notre belle humeur

Voie d'accès

Entre nous et l'éternité

Il illumine la Terre jusqu'au ciel

Tel un arc-en-ciel

C'est l'espoir

Unique remède capable de transcender le désespoir

Et de faire croire

À ce que nul ne peut voir ou concevoir

30- L'épicurien

J'aimerais vivre dans ce monde incertain

Quelque chose qui n'a point de fin

D'apprécier la vie tel un épicurien

De déguster, de savourer tout ce que la vie

A à me donner

Du premier jour jusqu'au dernier

De boire durant tous les après-midis d'été

D'une rivière fraîche de lait inaltéré

D'un blanc immaculé

De m'en désaltérer

Jusqu'à étancher ma soif de pureté

De vivre une féerique histoire d'amour

Qui commence un jour

Et dure toujours

D'être envoûté d'un amour passionné

Au point d'en être virevolté

De la tête aux pieds

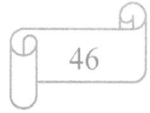

De me sentir ensorcelé par ses bienfaits attrayants

Jusqu'à entrevoir l'éternité

L'existence sur terre se finit

Et ses plaisirs sont infinis

Alors je réfléchis

Et j'apprends une certitude de la vie

Que l'acquis n'existe point ici

Qui le comprend réussit

Bratislava, Slovaquie

31- Beauté parfumée

Oui je le sais

Maintenant plus que jamais

Qu'il existe en toi une source d'honnêteté

Parfumée de spontanéité

Au goût suave et velouté

À laquelle je rêve de m'abreuver

Pour assouvir ma quête de bonté

Depuis que Le Façonneur des cieux m'a créé

Mon être tend à te rencontrer

Tu es plus belle que les perles et le saphir

Tout en toi m'attire

L'incarnation de ce que mon cœur désire

Ce que je souhaite éperdument te dire

C'est qu'à mes yeux tu vaux plus qu'un empire

Que ma sincérité te sera toujours offerte

Que les portes de mon cœur te seront toujours ouvertes

Je te convie à y entrer

Amour et loyauté

T'y attendent à l'entrée

Et son pilier se nomme fidélité

32- Vie déferlante

Tout être conscient

Ressent au fur et à mesure du temps

Que la vie défile

Et que tôt ou tard ce qui débute se termine

Que le temps laisse ses empreintes sur nous physiquement

Que même si nos souvenirs s'efforcent de capturer les traces du

temps

Nul ne possède sur lui aucune emprise

Et qu'il déferle sur nous

Tel le vent sur la banquise

Qu'on le veuille ou non une autre destinée nous attend

Que ce qui nous définit sont nos actions uniquement

Et dans ce monde où les passions exercent sur nous leurs attractions

Il n'en n'est pas moins que toute bonne chose a une raison

33- Les abîmes du désarroi

Quand on voit un être cher disparaître

On est la proie à de trop nombreuses questions

Qui mènent tout droit au désarroi

Croyant qu'on n'a de choix

Que de sombrer

Dans les profonds abîmes de la société

Accablés par la vie

Se sentant seuls et incompris

Matraquée par les soucis

Notre croyance s'enfuit

Délaissés par le monde qui nous entoure

Sagement nous attendent les vautours

En un quart de tour dos au mur

L'horizon subitement devient obscur

Alors sache ô noble humain

Que tu n'as point été créé en vain

N'oublie jamais que l'espoir est l'ultime bouée de sauvetage

Pour tout type de naufragés

Cramponne-toi ardemment

Au mât solide de la foi

Tôt ou tard l'amour dissipera ton désarroi

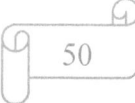

34- Les femmes

Les pierres précieuses sont certes d'une éclatante beauté

Mais les femmes gracieuses sont plus radieuses que le Soleil d'été

Le miel, chef d'œuvre des abeilles est certes d'une indéniable saveur

Mais l'amour d'une femme est pour le cœur

D'un homme d'une plus grande douceur

La lumière du firmament est certes éblouissante

Mais le sourire d'une maman à son enfant

Est encore plus resplendissant

La neige descendant du ciel est certes d'un blanc immaculé

Mais il émane du cœur d'une femme dévouée

Une blancheur d'une plus grande splendeur

35- Smaele dévoilé

Admirant une ravissante jeune femme

Au regard magnétique

Exerçant sur moi un effet féerique

Ses formes pulpeuses, sa chevelure soyeuse

Son doux parfum fruité

Fit chanter ma virilité

Mes sentiments s'en trouvant troublés

Smaele décida de tout dévoiler

De mettre à bas mes pensées

Fantasmes et raisons se sont confrontés

Mes fantasmes rêvant d'émancipation me persuadaient

De vaquer à mes passions

De m'y adonner impudemment

D'outrepasser toute limite, restreinte par la société

Mais la raison m'interpella m'exhortant à la réflexion

Me recommandant sagement, calme et pondération

Ne soyez point surpris si je vous dis

Que les limites de la pensée frôlent parfois l'infini

Poussant certains à la folie

Maintenant que tout est dit

La suite me le dira la vie

36- Vice

Mes multiples raisons

De ne point succomber à certaines tentations

Comme les jeux d'argent

Qui enrichissent certains

Délaissent plus d'un

Sans lendemain et de nouveau sans rien

De toute façon c'est la banque qui emporte les gains

Et quant aux boissons alcooliques

Aux effets dévastateurs et maléfiques

Elles n'ont jamais remis sur pied un mélancolique

Qui s'adonne à son ivresse

Elles les délaissent aux abois et en détresse

Toutes les drogues ne sont autres

Que le sentier accéléré vers la morgue

Sachez que succomber à un vice est chose facile

Mais c'est de s'en soustraire qui est bien plus difficile

37- Accorde-moi le temps

Je désire par-dessus tout te combler

T'honorer, faire que tes journées

Soient aussi agréables qu'un coucher de soleil d'été

Que tu me connaisses mieux

C'est tout ce que je veux

J'apprendrai à te plaire, à te satisfaire

Te réconforter l'été et t'enlacer l'hiver

Je t'en prie laisse-moi entrer dans ta sphère privée

Accorde-moi le temps de te prouver mon amour ardent

Te le prouvant des années durant

En te récitant des poèmes

Jusqu'à ce qu'un doux sommeil te prenne

M'y accoutumant toutes les nuits

À en apaiser ton esprit

Et cela autant que tu en aurais envie

Jusqu'à mon dernier souffle de vie

38- Qualités à développer

Il arrive parfois à certains d'entre nous

De contracter une certaine gêne

Lorsque le fossé est constaté

Entre le fantasme virtuel

Et les limites du monde réel

Pour vivre en harmonie avec ces deux opposés

Il est indispensable de développer certaines qualités

Qui élucide le mystère

L'énigme interplanétaire

De comment être heureux sur Terre

Elles sont simples à apprendre

Plus ambiguës à comprendre

Ces qualités commencent par une positivité

Tirée de fautes antérieures

Qui ne sont point des erreurs

Du fait que ce sont elles qui nous rendent meilleurs

Se satisfaire de tout ce qui nous est offert

Parce qu'on est heureux

Dans ce monde de glace et de feu

Que lorsqu'on se contente de peu

Être authentique envers qui l'on est

Est le premier pas vers la réconciliation avec soi

Qui réside dans le fait de dire ce que l'on croit

En chuchotant ou à haute voix

Enfin on ne peut atteindre la paix

Que lorsqu'on accepte son passé

Et que l'on s'aime tel qu'on est

Corfou, Grèce

39- Varié mais sensé

Le monde que nous connaissons de l'intérieur

Est dirigé de l'extérieur

Chacun a quelque chose que l'autre n'a point

Nul ne peut tout avoir en même temps

Excepté le Tout-Puissant

Le monde où l'on est

Ressemble fortement à un puzzle

On naît tous différents

Mais on s'accorde parfaitement

On s'étonne de voir les uns

De différentes nations

Ou de dissemblables teints

Des géants et des nains

Des milliardaires et des gens dans la misère

Certains en bonne santé, d'autres mal en point

Concevez que si on était tous semblables

Il serait inconcevable

Que le monde puisse fonctionner

Et donc il deviendrait imparfait

Il se peut qu'on ne saisisse pas le sens de cette variété

Si hétéroclite en vérité

Qu'il faille prendre du recul

Pour se rendre compte à quel point elle est sensée

40- Mon petit colibri

Ô mon petit colibri

Tout mon être tressaille

À la vue de ta beauté inouïe

Ta prestance me réjouit

Inspire mon esprit

Mon cœur morose s'en trouve attendri

De toi il jaillit une aura

Telle que qui s'en approche ressent la joie

Il est si aisé de te parler

Que mes sentiments se dénudent à tes côtés

Éberlué par ton éclatante sincérité

Ô mon petit colibri

Près de toi je me réfugie

Chez toi j'atteins l'ataraxie

41- Ma douce magnolia

Ma douce magnolia
Tu m'as extirpé des pénombres de la société
Dans toutes ses tumultes syncopés
Ce n'est qu'en ta proximité
Que je me trouve en adéquation avec la paix
Où que tu sois, mon cœur obnubilé
Par ton sourire ne pense qu'à toi
Il n'y a que dans ton sérail
Que mon cœur ressent la joie
Je te le dis car je le crois
Ma très tendre bégonia
Si mes mots en ta présence se libèrent
Avec une facilité si légère
C'est parce qu'il m'est aisé
Aussi naturellement que de respirer de t'apprécier
Même si je le faisais exprès
Je ne cesserai de t'aimer
Je n'ai nul besoin de sérum de vérité
Pour te l'avouer
Smaele, ton être le plus dévoué

42- Regard hypnotisant

Attiré comme un aimant

Par ton regard affriolant

Qui intimida l'intrépide que je suis instantanément

Pourtant je n'avais répondu qu'un instant

À ton regard hypnotisant

Et me voilà subitement

Désarmé comme par enchantement

Par les fées de la belle au bois dormant

Il existe des regards si captivants

Qu'on jubilerait immédiatement

Y résister serait incohérent

Délicieux néanmoins, qu'on croirait manger

La même pomme qu'Adam

43- Un sourire rayonnant

J'ai fermé les yeux

Le temps de respirer et de méditer

Je n'ai rien vu

Excepté une chose qui m'est apparue

Aussi distinctement qu'un tigre du Bengale perdu

Ce sont les formes oniriques de ton sourire

Rayonnant comme une nouvelle perspective d'avenir

Un sourire fascinant

Un rire abracadabresque

Me démontrant que ce qui se voit intérieurement

Est parfois plus frappant

Que ce qui se perçoit extérieurement

Tu me prouves continuellement

Qu'on peut vivre heureux

En aimant tout simplement

44- Sous l'effet de ta beauté

À l'instant où je t'écris

Toute ma chair tressaille

Car je suis encore sous l'effet

De ta beauté légendaire

Étincelante comme un éclair

Éblouissante telles des cristaux de lumière

En te voyant ma très chère

Je jubile autant qu'un légionnaire

Retrouvant la liberté

Après une longue traversée du désert

Ta proximité éperonne mes cinq sens

Les aiguillonne

Et les met en effervescence

Ta simple présence

Active mon émoi

Fait vibrer ma voix

Ces quelques mots témoignent

De ce que tu représentes pour moi

Te les écrivant

Tandis que tremblotent encore mes doigts

45- Mon souhait

Je crains que ce que je veux

Soit hors de prix ou trop précieux

On peut vivre une existence entière

Sans jamais trouver la femme de sa vie

Ma bouteille a déjà été lancée à la mer

Mais les abîmes déchaînés

De l'océan l'ont emportée

Ma colombe d'espoir s'est envolée

Pour transmettre mon souhait à la Terre

Mais les quatre vents l'ont dispersé

Je n'espère donc nul retour

Excepté d'une invocation

Adressée secrètement

Pour qui les hurlements

Et les chuchotements

S'entendent aussi distinctement

Que le son limpide d'un clairon

Et qui plus est

L'Unique capable d'exaucer

Nos rêves, nos attentes démesurées

N'effleurent pas une parcelle de Ses capacités

Ce qui se nomme l'immensité

N'est rien à Ses côtés

L'infini se contracte en Sa proximité

L'attitude indispensable pour être exaucé

Vous la connaissez, il s'agit laconiquement

De ne jamais désespérer

Grand Canyon, Arizona, USA

46- Croquer la vie

Croquez la vie à pleines dents

Vivez tous ses moments

En immortalisant l'instant présent

Capturez sa sève aux bienfaits ensorcelants

Inhaler son opium envoûtant

La pâmoison vous bordera en un instant

Enlacez vos amours avec dévotion

Vous verrez qu'il y a plus de mille raisons

D'aimer ce monde attractif avec passion

47- Corps obnubilé

Ébloui depuis que mon regard hardi

S'est posé sur ton visage

D'une clarté redéfinissant la beauté

Illuminé par les spectres de lumière d'une journée d'été

Depuis, pas une pensée

Ne m'effleure qui ne te soit point dédiée

Dire que tu ne me fais aucun effet

C'est dévoyer de la vérité

Dans l'engouement de l'instant présent

Mon corps se sentit obnubilé

Par l'intensité

De mes sentiments éprouvés

Faisant jaillir en moi un désir, un souhait

Qui ne demande qu'à être exaucé

C'est de te voir à mes côtés

Le temps de te connaître et de t'aimer

Dis-moi, ô toi !

À qui mon cœur est tant dévoué

Ce que je dois faire pour te mériter

J'affronterai d'un cœur vaillant

Le dragon pour te prouver

Jusqu'où je suis prêt à aller

Pour te témoigner ma loyauté

48- Le poète highlander

Un poète vivant dans ce monde multicolore

Discernant de cet arc en ciel

D'une si stupéfiante splendeur

Ses variantes en goûts et en saveurs

Se posant une même question plusieurs fois par heure

Les gens qui l'entourent sont-ils daltoniens

Pour voir la vie de peu de couleurs

Dans leur ineptie

Ils ont cru que le bonheur

La joie, l'extase n'étaient qu'un leurre

De deux choses l'une

Soit la vie est comme ils la perçoivent

De peu de couleurs

Soit est-il tout simplement un highlander

Un poète est un homme

Qui absorbe la vie

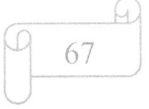

Avec une intense frénésie

Pour en sortir ses fruits

Ses mots, ses paroles

Prononcés avec habilité

S'en servant avec la même dextérité

Qu'un chevalier maniant son épée

Ne sont autres

Que les couleurs de son monde intérieur

Ses pensées, sa gaieté s'inhalent

Comme une agréable senteur

Combattant la morosité du désespoir

À l'instar d'un boxeur

Peaufinant chaque vers tel un sculpteur

Chantant de tout son cœur

Les douze accords de sa bonne humeur

49- Perfection

La perfection divine

Résulte de l'adéquation

De l'infini et de l'absolu

En compagnie

De ses attributs sublimes

Reconnaître ses imperfections

Tendre vers toute forme de progression

Est en soi-même

La perfection humaine

50- Attiré par les belles demoiselles

Heureusement ma très chère

Que je ne suis point un lion

Ou sinon

Je t'aurais inéluctablement dévorée

Comme le roi de la jungle

S'accapare de son déjeuner

Il est vrai, que l'homme est attiré

Par les belles demoiselles

Comme le lion convoite les gazelles

Pour la douceur de leur chair

C'est le point commun

Que nous avons avec ce prédateur hors-pair

Pardonne-moi ma dulcinée

Cet élan de spontanéité

Loin de moi l'idée

De te comparer à la gazelle

Mes mots se sont simplement libérés

Comme s'échappe de sa cage une hirondelle

51- Picnolepsie

Mon corps est ici

Tandis que mon esprit

Momentanément se dessaisit du réel

Cherchant à toucher par mes acuités

Visuelles, olfactives et sensorielles

Certaines contrées non explorées de la vie

Et voilà que mon esprit ressent une picnolepsie

Ce sentiment, les enfants l'éprouvent aussi

Car ils sont de toute tare innocents

Cette impression nommée picnolepsie

Nous libère de tout souci

Et le retour à la réalité

Se fait sans une once de difficulté

Car l'on revient d'un instant indéterminé

D'un flirt avec l'éternité

52- Pure beauté d'Alsace

Il faut une sacrée audace

Pour t'approcher et te parler face à face

Ô pure beauté d'Alsace

À la peau veloutée, au doux parfum d'ananas

Au regard de braise, faisant fondre les icebergs de glace

Exaltant tous les regards tenaces

T'ayant regardée après un volte-face

Les faisant surfer sur les nuages

Atteindre les hautes sphères de l'espace

Ô toi pour qui je n'aurais posé

Qu'un simple regard fugace

Sur ton angélique face

Dis-moi de grâce

Que faire pour être l'homme de ta vie

Je ne suis peut-être point un « as »

Tandis que tout le monde convoite cette place

Mais je sais quand je la vois

Apprécier une rosace

53- Tu m'embellis

Ô ma beauté

Il n'a jamais été question

De t'attirer dans mes filets

Pour te pêcher

Comme les mains chevronnées

Des pêcheurs de la mer Méditerranée

Ou de te trouver

Afin de t'accaparer

Comme les mains trempées dans l'eau

Des chercheurs d'or du Colorado

Dis-moi ma beauté

Est-ce un péché

Une erreur, ou encore dévoyer des sentiers de la sincérité

D'avoir voulu te séduire

Non pas pour te cueillir

Comme les roses qu'on compte offrir

Mais tout simplement de t'ouvrir

Mon cœur pour que tu viennes l'embellir

De ta beauté, qui à mes yeux

A plus de carats que les diamants et les saphirs

54- Renaissant tel un phénix

Après m'être brûlé les ailes

Me voilà remis en selle

Revoyant la vie en rose comme une fleur de tamarix

Renaissant de mes cendres tel un phénix

La Brotherhood, Le Sorcier et Maximus à Paris

55- Le jovialiste

J'ai hâte de voir le jour se lever

J'ai hâte d'entendre les oiseaux chanter

J'ai hâte de me réveiller

Pour acclamer ma joie, ma gaieté

Pour autoproclamer ma liberté

Cette euphorie, cette euphonie

Je l'ai pompée de la vie

Oui, la vie est une source d'énergie

Regardez l'arc-en-ciel, vous verrez à quel point il est beau

Contempler ses couleurs

Vous verrez à quel point est merveilleux son indigo

Je suis un jovialiste de la vie

Car ses plaisirs m'enivrent comme un vin de Bordeaux

56- Traverser de vastes contrées

J'ai vu le temps s'écouler

Les mois défiler

Les saisons se succéder

Laissant les fleurs se faner

Et leurs senteurs s'évaporer

Mais ce qui n'a point changé

De toutes ces années ma dulcinée

C'est que les flammes de mon amour

Sont alimentées depuis toujours

Par ton unique pensée

Ne connaissant ni les vents glacés

De l'hiver pluvieux et enneigé

Ni les sécheresses des canicules d'été

Oui, ma bien-aimée

J'ai bel et bien traversé

De multiples villes et vécu dans de nombreuses cités

Parcouru de vastes contrées

Noué des liens et des amitiés

Mais sans ça je ne t'aurais peut-être jamais rencontrée

Ma vénusté

Comme un nomade peut-être

Mais c'est pour toi que mon cœur bat la chamade

57- Rome la bellissime

Ô Rome

La bellissime

Je comprends maintenant

Pourquoi il n'y a que ce mot pour te décrire

Toi qui nous inspires

Ta civilisation, ton empire

Ont connu de nombreuses gloires

Je sais maintenant que ce n'est pas un hasard

Ô refuge, demeure des Césars

Ton Colisée arène des gladiateurs

Admiré par le peuple

Et des gens civilisés

Reflète à merveille ta grandeur inouïe

Ô terre de merveilles et de poésie

Patrie de génies

Tes femmes sublimes sont à croquer

À l'instar de la gastronomie de tes chefs cuisiniers

Il n'y a qu'un saint homme

Qui puisse résister aux titillements de tes parfums

Ô peuple raffiné

Merci d'écarquiller nos sens

Comme tu le fais

Rome, Italie

58- Un manque à combler

Île de la paix

C'est toi que j'aspire à rencontrer

En toutes ces années mon cap n'a jamais changé

Tantôt je me laissais porter

Par les vents de l'espoir

Lorsque l'horizon s'obscurcissait je louvoyais

Je ne poserai mes valises

Emplie de manques et d'attentes à combler

Que lorsque je t'aurai trouvée

Ô île de la paix

Je ne me reposerai que lorsque je les aurai déposées

Et que je déballerai toutes mes pensées

Un manque n'est autre qu'un besoin à combler

On est heureux lorsqu'on le satisfait

On est malheureux ou déprimé

Lorsqu'on a pu le combler

Ou pas su le compenser

59- Sans arrière-pensée

Il est vrai que mes lèvres tremblaient

Que ma voie bégayait

Que je t'ai dit que je n'avais point d'arrière-pensée

Que je voulais juste faire connaissance et discuter

Car si je t'avais dit autre chose

Peut-être que tu te serais écartée

Et de plus en plus de moi tu te serais éloignée

Mais mes sentiments à ton égard sont vrais

Ma tendre azalée

Il bouillonne tellement en mon for intérieur

Que je ne serais point étonné qu'en te parlant

Il ressort de la fumée

Ô mon petit biquet

Ne soit point choqué par mes paroles prononcées

Exubérantes je le sais

Elles ne sont autres que le fait d'un amour exalté

Par les symphonies de la vie

Et arrosées par les douches mélodies de Marvin Gaye

60- L'amour est magique

Avant de te rencontrer j'étais mélancolique

Je croyais que le grand amour était en voie de disparition

Comme les bisons d'Amérique

Ô mon petit joyau magnifique

Tu as ranimé mon cœur d'un chagrin

Aussi profond que l'Océan Pacifique

De ta grâce, j'entends un bonheur angélique

Tes paroles chantent en moi tel un refrain

De musique psychédélique

Mon cœur est ravivé d'un entrain semblable

À un soufi mystique

Maintenant plus que jamais je crois que l'amour n'est pas un conte

de fée

L'amour est bien d'actualité

Et il ne disparaît point comme les dinosaures préhistoriques

Il est vrai comme le décrivent les âmes poétiques

Magie au don unique

De faire connaître à un mélancolique

Un état jovial et béatifique

61- Confiner la sainteté

T'avoir près de moi

Ma vénusté au corps désiré

Me fait ressentir une joie

Qu'on n'éprouve qu'après avoir gravi les sommets de l'Annapurna

Toucher tes mains

Semblables à un tissu de soie et de satin

Ou encore sentir l'essence de ton parfum

D'ambre et de fleurs de jasmin

Me procure du bien

Qui confine à la sérénité d'un saint

Mais c'est en caressant tes seins

Qu'une eucharistie épidermique j'atteins

Chez toi ma bien-aimée

Tout est à explorer

Comme un récif corallien

Annapurna, Himalaya, Népal

62- Ouverture

Intimidé par les perspectives de futur

Pourtant favorable à toute forme d'aventure

Conduisant à une valeur sûre

Ne vous braquez point

Laissez toujours une ouverture

Car se cloîtrer en soi

C'est comme être enfermé entre quatre murs

Je vous jure

Que ne pas aller vers les autres

Dans un verre d'eau on se noie à l'usure

Le monde est vaste et somptueux

Et depuis des millénaires il perdure

Découvrir, c'est vivre chaque jour

Une aventure

Une épopée digne de Ben-Hur

63-Versailles

Cette sensation de marcher sur des pavés

Mes jeunes pieds

L'avaient oubliée

Pourtant fréquemment dans mon enfance ça m'arrivait

De me promener sur les allées

Royales de Versailles

Caractérisées par son château

D'une somptuosité

Qu'on apprécie bien volontiers

Sans aucun lien de parenté avec la royauté

Que le ciel soit loué

Qu'une nouvelle opportunité

M'ait été accordée de m'y baguenauder

Aujourd'hui lors d'une magnifique journée de printemps

Au soleil rayonnant

Au doux vent caressant

Ô Versailles on devrait tous te visiter

Non seulement les touristes du monde entier

64- Tour Eiffel

La Tour Eiffel

Un des édifices les plus impressionnants

Admiré comme le monument français le plus pertinent

Une technologie du passé

Chevauchant le futur en conquérant le respect

Une bâtisse d'acier

Construite au prix de maints sacrifices

En te regardant Tour Eiffel

Chef d'œuvre d'ingénierie

Écrit sous l'effet des trois cents volts émotionnels ressentis

D'un entrain semblable au déploiement d'ailes d'un colibri bengali

Quelques vers pour faire une poésie

Car en te voyant Ô Tour Eiffel

Mes mots s'intensifient

Tu es une pièce maîtresse

D'un monde moderne

Aux diverses saveurs

Aux multiples couleurs

Tu es d'une telle splendeur

Que ne pas t'admirer

C'est faire preuve de manque de valeur

65- Élixir

Ton amour m'abreuve d'une liqueur

Semblable à un vin doux

Un emparadisement salutaire

Qui ne rend ni grincheux ni soûl

Je pourrais en boire une caisse entière

Et je resterais toujours debout

Un élixir ancien revigorant mon désir

Irriguant mes veines

M'apportant fraîcheur et oxygène

Une intronisation au monde des merveilles

Il n'y a qu'une idylle bucolique

Qui serait à même de décrire

Ton charme magnifique ma reine

66- La langue du cœur

J'entends distinctement les mots de mon intérieur

La langue naturelle de mon cœur

Qui n'abasourdit pas comme les tintamarres

Des bruits extérieurs

Qui m'apprend à écouter les sons de mon inspiration

Le calme apaisant de mon intuition

Alors l'eudémonisme je fais

Me procurant un bonheur digne d'un épicurisme pur

Et une imputabilité me faisant supporter

Tout malheur avec stoïcisme

Je l'offusquerais si je l'ignorais

Lui qui m'a été fidèle toutes ces années

Vous verrez vous aussi

Si votre cœur n'a plus de secret

Pour votre esprit

Vous n'écouteriez que lui

67- Les flèches de cupidon

Je savais que la beauté m'attirait

Mais en aventurant mon regard sur ta silhouette

Aux courbes parfaites

J'ai été foudroyé de plein fouet

Sans aucun orage à l'horizon

En pleine journée d'été aux nuages dégagés

Par ce que les langoureux appellent l'amour

Mon Dieu quoi faire lorsqu'il pleut

Un déluge de feu

Dans le cœur d'un amoureux

N'allant pas chercher à décrypter

L'état d'esprit d'un énamouré

Car les flèches de Cupidon

Sont déjà dans son cœur enfleuré

68- Dieu de Toi à moi

Ô Dieu

Pardonne-moi

Épargne-moi

Apaise-moi

Je n'ai qu'une vie sur Terre

Et c'est à toi que je la dois

Je t'adresse mes souhaits

Car il n'y a de force ni de puissance qu'en Toi

Je t'invoque car dans cet Univers

Régi par tes seules lois

Tu es l'unique maître et roi

69- Bien et nature ne font qu'un

Assis paisiblement

Les yeux plongés dans l'horizon

J'observe, je profite d'une conversation avec le temps

J'écoute le chant apaisant d'un chardonneret élégant

La nature est tous les jours devant nous

Dénudée de tout maquillage

Tout est vrai et pur chez elle comme un nuage

Élégance et véracité sont son langage

Les moines tibétains

Avec leur panorama himalayen

L'entendent et le comprennent bien

Et les aborigènes brésiliens

Vus par certains comme des Martiens

Alors que la vie qu'ils mènent dans les forêts amazoniennes

Leur est préférable aux palaces californiens

Ou encore les surfeurs australiens

Se confessant chaque matin

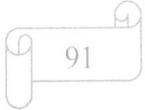

Aux creux des vagues de l'Océan Indien

Si eux et tous ceux qui sont heureux

Se sentent bien

C'est qu'ils tiennent passionnément avec la nature un dialogue

quotidien

Rocky Mountain National Park, Colorado, USA

70- Arrêt sur Image

Il y a des fois

Où j'aimerais m'asseoir

Regarder le ciel, les nuages

Du matin jusqu'au soir

Dire au temps va-t'en

Laisse-moi vivre l'instant présent

En lui accordant toute mon intention

Car demain pour moi sera encore maintenant

Vivre cent vies

Sans prendre le temps d'en apprécier une

C'est comme vivre des milliers de journées

Sans en apprécier aucune

Oui je ne veux point vivre comme un trader

Voyant basculer sa vie et la bourse tous les quarts d'heure

Qui ne partage pas mes valeurs m'épargne

Car pour moi prendre le temps de s'arrêter et d'apprécier

Est une vie de cocagne

71- Cet être

Cet être désiré

Cet être pour qui quand l'appel du corps retentit ne peut être ignoré

Cet être pour qui certains se sont damnés

Cet être maître de la beauté

Cet être que les pellicules de monde entier ne suffisent à

photographier

Cet être qui hypnotise nos pensées

Cet être dont Léonard de Vinci s'est inspiré

Pour peindre la belle Mona Lisa tant admirée

Cet être est nécessaire

Cet être est votre mère

Cet être est l'aboutissement d'une vie entière

72- Subtilité et démesure

Je me suis jeté sur ma plume

Pour me libérer de mes pensées

Ensoleillées et chargées de brume

Mon Dieu j'essaye de prendre de chaque chose sa mesure

Et je suis privilégié de pouvoir constater

Que subtilité et démesure

Existent dans ce monde

Et avec quelle harmonie ils cohabitent

Chaque matière

Et les différentes textures sont singulières

Je réfléchis et médite de quelle manière

Tu attendris la Terre

Et affermis le fer

Mon Dieu, rien que de T'avoir pour maître me rend fier

73- Un regard désarmant

Tu m'as simplement lancé un regard

Ne pouvant pas savoir

L'effet catalyseur que tes yeux couleur noire

Sur moi pouvaient avoir

Éveillant en moi un volcan assoupi depuis fort longtemps

Mon cœur maintenant est jonché

Par les laves ignées de mes sentiments

J'ai eu envie de tirer la sonnette d'alarme

D'ouvrir les volets, de vociférer

À désorienter les arbres

Je me sentais près comme un gendarme

À résister à ton charme

On peut se préparer à l'amour

Avec tout un arsenal

Qu'à chaque fois il nous désarme

74- Je préfère vivre comme ceci

Je préfère vivre cette vie

En l'appréciant comme une musique

Car il y a de fortes chances que je la quitte

Avant la fin du générique

Je préfère vivre cette vie en aimant

D'un amour magnanime et débordant

Ceux que j'aime au moins le sauront

Et qui réprouve ce sentiment

Que l'emporte les quatre vents

Je préfère vivre cette vie

En ayant le rôle prééminent

Les seconds rôles tous je les jetterai dans la corbeille

S'il le faut j'irai combattre dans l'arène

À condition d'être moi-même

Car pour moi c'est ça être naturel

75- Le Bonheur se fait rare

On fait tous de notre mieux pour être heureux

Ceux qui font fausse route accusent le sort d'être malchanceux

Mon Dieu ! Sept milliards d'individus

Lui courent après rêvant de se l'accaparer

Et de le dévorer comme un banquet barbare

Se trouvant à l'arrivée déplumés, épuisés

Mon Dieu ils viennent de traverser Paris-Dakar

Et maintenant ils sont à court de réservoir

Ne sachant pas que le bonheur est au point de départ

Maintenant qui doivent-ils aller voir

Qui doivent-ils croire

Les marabouts ou les prêches des imams sur les minbars

On est tous d'accord que trouver le bonheur se fait rare

Et que les veinards qui l'ont trouvé sont plus chanceux que les Tsars

Ceux-là le désirent comme le plus sublime des nectars

Plus doux que les tissus de soie et de brocard

Qu'il est plus précieux que les montagnes d'or et de dinars

76- Il me faut une éternité pour t'admirer

Certains trouvent quand même le moyen de s'ennuyer

Dans un monde comme le nôtre aussi varié

Aux climats tropicaux et tempérés

Aux différentes saisons passant d'un hiver enneigé

À un été ensoleillé, sans jamais reproduire d'identiques journées

Des milliers de pays et de contrées

Si nombreux que nul ne peut tout visiter au cours d'une existence

Pas même un crédit de cent vies ne suffirait

Il s'agit de contempler ce monde

À la définition infinie

Pourvu de millions d'espèces animalières

De prédateurs aux mâchoires tranchantes, aiguisées

Comme des lames de rasoir

Des mammifères allaitant des années durant

D'un lait exquis et nourrissant

D'espèces végétales aux plantes médicinales

Aux arbres porteurs de fruits au goût sucré et velouté

Aussi variés que nul ne peut tout goûter

Ce monde est vaste, quoi que limité

Il faudrait bien une éternité avant qu'il ne finisse de nous étonner

Cameron Highlands, Malaisie

77- Chef d'œuvre de beauté

En te voyant chef d'œuvre de beauté

Superlatifs magnifique et splendide te sont appropriés

Créature défiant les lois de la gravité

Ingéniosité ne suffit à t'imaginer

En te voyant Van Gogh aurait attendu

Un jour de plus avant de se suicider

Michel-Ange aurait eu du mal à te sculpter

Ébloui comme les yeux d'un endormi face aux rayons de soleil d'été

Tu crois peut-être que j'exagère

Mais les expressions les plus légères pour te décrire, j'ai employé

Les mots du paradis eux seul te conviendraient

On devrait tous remercier le ciel de t'avoir créé

78- Sentiment embarrassant

Un hurlement retentit en moi du tréfonds de mon cœur

Ou du moins je pense qu'il provient de lui

Car lui seul se fait entendre quand il veut se faire comprendre

La sirène d'alarme a été déclenchée

Un sentiment d'amour en moi s'est embrasé

Cette flamme, ni l'eau, ni la terre,

Ne peuvent la neutraliser

Que faire si ce n'est chevaucher ma timidité

Et aller vers quoi mon cœur s'est igné

Si je ne lui dis pas la place qu'elle a pour moi

Je risque de me consumer

Je m'en vais tout lui dire et lui parler

Ne pas lui dire serait source de regret

Et vous savez qu'il n'est plus dur à porter

Qu'un désir insatisfait

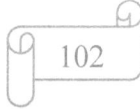

79- Plus ressemblant que différent

Vous et moi nous ne sommes pas si différents

On est tous fait de chair et de sang

Nous sommes alimentés par les mêmes lumineux rayons

Car à en croire la froideur chez les gens

Nous sommes aussi éloignés et différents

Que l'Orient et l'Occident

Que se regarder dans les yeux serait presque insultant

Ne sommes-nous pas tous venus sur Terre

Avec deux parents de sexes opposés

Mais réunis par deux cœurs aimants

Ce qui nous unit est bien plus grand

À nous de considérer cela maintenant

Vous et moi ne sommes-nous pas tous les fils d'Adam ?

80- Ce qu'ont de plus les ravissantes demoiselles

Savez-vous ce que vous avez

Ô ravissantes demoiselles

Pourquoi entre mille, vous nous semblez toujours plus belles

Il y a en vous une attraction magnétique

Que vous maîtrisez à merveille

Une suffisance de vous-même

Nous attirant vers vous comme l'ours vers le miel

Vous êtes un miracle de beauté frôlant l'irréel

Les Lacs de Plivice, Croatie

81- Leçon inestimable

Il voulait faire de sa vie une fable

Assouvir son désir alimenté par son amour des femmes

Narguant l'insurmontable

De n'être qu'un apéritif servi sur une longue table

Croyant avoir décrypté l'indéchiffrable

Il se trouva confronté à une situation inexplicable

Et de loin moins sucrée et agréable

Que ne l'est en bouche un sirop d'érable

Dans un état d'âme lamentable

Il faillit pactiser avec le diable

Il se reprit et apprit de sa fable

Une leçon inestimable

Que même un arrangement à l'amiable

N'est jamais respecté par le diable

82- Amour disjoncté

Smaele a disjoncté

Pris de délire et de frénésie

Pour une ravissante jeune fille

Qui incarna à ses yeux d'une façon inouïe

L'exquisité et la bonhomie

Pour cette raison d'altruisme

Il justifia son rejet au monde de la folie

Il ne voulait pas de lui car s'enivrer d'allégresse

N'est point un délire

Tant mieux pour lui et tant pis pour la folie

Mais il est averti que s'il veut perdurer dans la partie

Le secret est de garder le plaisir en bouche

Comme les experts en œnologie

83- Être sublime preuve du Magnanime

Tu es si belle que le mot beauté

Se trouve dévalorisé à tes côtés

S'écartant tête baissé

Dos courbé, vexé de ne point t'être approprié

Il n'y a que le mot sublime

Épaulé du superlatif bellissime

Qui trouve un sens à tout ce que tu exprimes

Te décrire ne peut se faire qu'en rime

Je ne sais pas d'où tu viens être rarissime?

Mais tout le monde est unanime que tu es une œuvre savantissime

Pour qui a besoin d'une preuve tangible

Tu es une preuve irréfutable

De l'existence du Magnanime

84- Source d'inspiration et de vie

Je n'ai nulle notion de l'infini

Mais cet après-midi

Mon latin s'est enfui

Devant les ravissantes demoiselles de Paris

Me donnant un préambule à ce sens qui m'était incompris

Je n'ai pas encore atteint l'autarcie

Mais un sentiment assouplit mon cœur

Me procure un pur bonheur nommé philanthropie

Toutes les filles méritent qu'on leur écrive de la poésie

Elles sont sources d'inspiration et de vie

Ce sont elles les égéries

L'image inconditionnelle d'une beauté inouïe

Leur valeur est irrationnelle et ne se termine jamais comme la valeur

de Pi

85- Langage d'orang-outan

Un vacarme tonitruant

Nous bourdonne à l'oreille

N'allez pas chercher à disséquer

Ce qu'il vous dit

Il est d'une viscosité pétrolière

Mais une fois raffiné

Il est aussi suave que le miel

Vous vous demandez peut-être qu'est-ce que ce vacarme

abasourdissant

Au don surnaturel de se transformer en miel

Ce phénomène immerge du plus profond de nous-même

Ce sont nos sentiments qui nous parlent un langage d'orang-outan

Mais filtré par une couche spirituelle

Il nous offre une symphonie aux notes sereines

86- À cœur découvert

J'ai perdu quelque chose aujourd'hui

C'est l'ignorance de ta personne

Que la tolérance de ta bienveillance

A su retirer, ce voile jonchant mon cœur

À cœur découvert

Aujourd'hui je te vois avec plus de clairvoyance

Dire que tout ce temps

J'étais à proximité d'une source de jouvence

Avec le luxe d'en boire à outrance

Je le sais car c'est l'effet que j'ai en ta présence

Ô ma tendre azalée

Viens me passer les menottes

Et viens m'enfermer dans ton palais

87- Chants du firmament

Je n'ai jamais vu et entendu un silence

Aussi tonitruant que le lever du Soleil du firmament

Les oiseaux quoi que d'espèces variés

Chantent des mélodies rythmées

Une symphonie qui mériterait maintes préparations

Pour un corps de ballet

Tout ceci ils le font parfaitement et improvisé

Et croyez-moi je ne les ai pas vu s'entraîner

88- Plus beau

On est dans un monde plus beau

Que n'importe quel tableau

Rembrandt a peint à en épuiser sa tablette de couleur

Aurait-il innové ou se serait-il de ce monde inspiré

Michel-Ange s'est surpassé

La chapelle Sixtine est là pour en témoigner

C'est beau, c'est merveilleux a confirmé la sainteté

Mais on reste à des années lumières d'une pleine lune

Sous nos yeux dénudés

Il y a en chaque chose son opposé

Et ce qui se trouve entre les deux

On ne peut l'énumérer

89- Soleil levant

Étonné par tant de beautés si peu appréciées

Seuls les connaisseurs jouissent de ce privilège si peu partagé

Intimidé, comment ne point l'être quand le Soleil levant

Nous démontre chaque matin

Qu'on peut être à une distance lumière et recouvrir tout l'Orient

Accompagné par des notes parfumées d'audaces et être maître en

ponctualité

Marseille, France

90- Accepte-moi

Marié comme un anneau à l'annulaire prêtant serment de

fidélité

Je t'appartiens déjà

Te connaître m'ouvre les voies de la sagesse

Ta générosité, l'allégresse avec laquelle tes dons sont

distribués

Accepte-moi dans la cour de tes privilégiés

Mes amarres sont déjà larguées

Prêt à embarquer pour l'éternité

91- Le jeune intrépide

Il vivait sa vie

En voulant atteindre ses défis

En empruntant des raccourcis

Ceci est ironie, disait sagement un érudit

Ampli d'expériences et dans de nombreux domaines averti

Mais ce jeune intrépide regorgeant d'ambitions frôlant la folie

Voulait tout simplement se faciliter la vie

Maintenant il prit ses bagages

Et visa le paradis

N'atteint le fruit de ses efforts

Que celui qui sème d'un cœur attendri

Reprit placidement l'érudit

92- Il se reconstruit

Un rêve déblayé

Un espoir averti

Risquent de ne point être exaucés

Comment ne point désespérer

Un mot de travers

Et il risqua de voir sa vie

Partir en poussière

Il se reconstruit avec des mots et de la poésie

Il se repentit par des invocations et de la psalmodie

Et il devient jour

Et tourna le dos à la nuit

Un cœur revivifié prêt pour un safari

Un carburant nommé empathie

Un désir de retour vers l'origine de sa vie

93- On demanda

On a demandé à un prêtre de dévoiler

Mais il refusa tenant serment de confidentialité

On a demandé à un sorcier de cesser de jouer

Avec le feu, pas une seconde il n'hésita

Et répondit fièrement que le feu

Est dur à manipuler et que le malaxer

Avec une telle dextérité

Justifiant sa grande fierté

On demanda à un poète de ne plus flatter

Et de ne plus décrire ce que ses yeux témoignaient

Comment pouvait-il le faire, lui pour qui les mots lumière

Et rhétorique sont les mots préférés de son lexique

94- Brise spirituelle

Tous les sons, les bruits, les musiques et les symphonies

Sont en harmonie avec la vie

Toutes les forces universelles et les reptations fourmilières

Sont régis par l'Éternel

Tous les amours ont le cœur ressourcé pour toujours

Prouvez-moi que le monde est petit

Je vous prouverai que sa valeur est infinie

Vatican, Italie

95- Beauté qu'on ne peut décrire

Une beauté qu'on ne peut décrire

N'est plus beauté, elle devient divinité

J'ai vu des merveilles à perdre son latin

À oublier d'où l'on vient

J'ai pu toutes les décrire

Voir se bousculer les mots sublimes et bellissimes

Pour décrire les plus belles cimes

Être ébloui par le plumage des perroquets d'Amazonie

Et voir perdre toute haine

Depuis que mes yeux se sont posés sur les femmes norvégiennes

96- Sous l'effet de l'amour

L'amour nous fait aimer

L'amour nous fait rêver

L'amour nous fait voler

L'amour nul ne le cerne et ne le comprend entièrement

Il est de feu et de glace

De crépuscule et de firmament

Il fait de nous des héros acclamés

Des braves survoltés

On est ici pour lui

On vit pour lui

Il nous fait croire à l'infini

97- En tête de liste pour le départ

En tête de liste pour le départ

Décollage imminent de la terre au ciel

Laissant derrière le brouillard

Mon Dieu un quart de siècle s'est écoulé

J'aurais vu passer néanmoins

Des arcs-en-ciel et des étés

Une vie tumultueuse

Où tout le monde cherche à gagner le respect

En tête de liste pour le départ

Je cherche à admirer mon Créateur

Laissant se délecter mon regard

98- Sucre mirabelle

Ô ma beauté

Je ne suis pas parti chercher

Dans les étoiles pour te décrire et te mentionner

Superlatif doré, mielleux, sucre mirabelle

Ô ma beauté que tu es belle

Je succombe à ton charme tel l'ours pour le miel

J'aime te regarder sourire

Tu resplendis comme le ciel

Je te mentionne ainsi car en ta présence le salé devient sucré

Apaisant comme le fraîchin

Ma beauté tu m'as choisi, à moi maintenant de t'écrire de la poésie

99- Je veux te plaire

Dans un souci de te plaire, mes frasques se sont réitérées

Dans un souci de complaire, mes phrases se sont répétées

Il est vrai qu'il est dur de plaire à la plus belle femme de la Terre

Non loin de moi un hululement d' hibou retentit

Me disant pars la voir, redis lui merci

C'est près de toi que ma voix tremblote

C'est près de toi que ma chair tressaille

Potsdam, Allemagne

100- Cheveux d'or

Ô beauté aux cheveux d'or

Fulgurante a été sur moi

Ta beauté telle de la poudre météore

Laisse mon regard te caresser le corps

Je veux que tu sois mienne

Et que je devienne tien

Après peut-être je sourirais à la mort

101- Tu es si belle

Je t'aime, je t'aime

Je pourrais n'employer que ce mot dans mon poème

Que je n'effleurerais pas une parcelle

De la dimension de ta beauté

Si à la millième fois ce mot te pèse

Moi il me fait voler plus haut qu'une hirondelle

Je te laisse avec ces mots suaves comme le miel

Quoi qu'à mon altitude tu m'apparais toujours aussi belle

Qu'un arc-en-ciel

102- Mohammed

Je laisse mon cœur souffler

Lui qui s'apaise quand la mention

Et les salutations d'un de Ses Messagers préférés

En sa présence on a de quoi louer

Le Maître des cieux jusqu'au Jour Dernier

Il suffit de le voir sourire

Pour savoir qu'il est annonciateur d'un merveilleux avenir

Un prophète si doux

Que quand il nous touche

C'est comme si la soie nous caressait

Une beauté nommée Mohammed

103- Avez-vous déjà vu ?

Avez-vous déjà vu une nuit qui dure ?

Tôt ou tard la nuit se dissipe

Et délaisse son monde obscur

Laissant place au jour

Déblayant la nuit de ses rayons purs

Avez-vous déjà vu un jour qui dure ?

Tôt ou tard c'est sûr

La nuit vient et recouvre le jour

Et reprend son tour

104- Négociation

Ce matin j'ai négocié avec le diable

Mécontent il revit mon salaire à la baisse

Pour l'avoir convoqué en rapport de presse

Lui qui préfère se planquer et insuffler la paresse

Ce matin il a de quoi être mécontent

Ma lettre de démission dans sa boite aux lettres l'attend

105- Sagesse à l'écossaise

Un monde ambivalent

Où tout le monde s'accroche à un cerf-volant

Une brise matinale et tout le monde s'envole

Pas besoin d'un ouragan

Sagesse dans la folie à l'écossaise

Doliprane noyé dans un whisky

106- Le Miséricordieux

Dieu le Miséricordieux

Ce nom nul ne le porte mieux

Que Dieu le Tout-Puissant

C'est Lui le plus savant

L'univers le plus merveilleux

Il l'a créé avant que tu n'ouvres les yeux

La foi c'est s'envoler, la foi c'est invoquer

La foi c'est croire qu'on a une chance d'être illuminé

Annapurna, Himalaya, Népal

107- Que j'en laisse mes mains saigner

Je marche et dévaste

De mon aura brûlante

Ce monde et ses fastes

Je reste admirateur par mon regard

Des femmes belles et chastes

Je les aime et les apprécie

Mon désir en les voyant s'intensifie

Que j'en laisse mes mains saigner

Des épines des roses que je leur dédie

Les chaudes après-midi

Où les langoureux se laissent consumer d'un amour infini

108- Les fleurs ne fanent jamais sous tes doigts

T'ai-je déjà dit

Ma douce rose

Que ta présence

Parfum de prose

M'inspire, me donne promesse

D'un avenir suave et rose

T'ai-je déjà dit que ton sourire

Est pour moi précieux

Vaste à mes yeux

Un empire, un univers à découvrir

T'ai-je déjà dit

Qu'un moment avec toi ma douce

Fait que je crois

Que les roses ne fanent jamais sous tes doigts

109- Fleurs, roses, cactus

Fleurs, roses, cactus

De tout cela j'en fait un parfum

D'une senteur, que je nommerai : rébellion de lotus

Les fleurs rendent notre odorat meilleur

Donnent vie et espoir

Et nous donnent envie d'être chanteur

Pour faire entendre ce qui vit en nos cœurs

Fleurs, roses, cactus

S'offrent aux femmes charmantes

D'une main galante

Accompagnés d'une prose

Fleurs, roses, cactus

La senteur jaillit du parfum des roses

110- La fierté des saisons

Ô Caresse d'un velouté infini

À tous ces printemps chaleureux et cajolants

De désir mon cœur parfum de vétiver

Écrit en cette après–midi en fête à la vie des vers

Revigorant, effervescent, rassurant

Les habitants de notre patrie la Terre

Quand en nous et en elle il n'y a point que l'hiver

Les saisons s'exhibent et ne passent point par quatre chemins

Pour mettre en avant leurs caractéristiques d'un ton si fier

Passant d'un temps où le feu

Ne s'exprimerait pas mieux

Que certains étés caniculaires

À la chute des feuilles

Ô automne, tes couleurs variées

M'apparaissent, comme tu dénudes si bien les arbres

Moi tout en savourent la pomme de la vie

Je te regarde car tu m'étonnes

111- J'en applaudis les cieux

Ô si joli théâtre de vie

Nymphe belle fille

Si belle que tu m'étonnes

Si friable, gracieuse et agréable

D'une si somptueuse beauté que j'en papillonne

M'impressionne le mariage saint et malicieux

Qu'ils forment à eux deux

Les femmes par la grâce de Dieu

Je les vois d'un cœur mi doux mi curieux

Et en applaudis les cieux

112- Beauté surpuissante

Ô amour exaltant

Que ton ivresse au doux parfum de printemps

M'évoque une pure senteur

Suave liqueur de miel

Me rappelant le levé d'un soleil

Impérieux de chaleur me surpassant

Ô pays de l'amour abracadabrant

Mes frasques me jouent des tours

Que j'en deviens langoureux de ses caresses

Alors j'en redemande encore d'un ton exigeant

Un rajout de bonheur

Viens vite ! Mon cœur fait taire

À jamais mon malheur

Mon sang, bouillonnant à la vue

De ton visage chatoyant

Me dit d'une approche d'un ton confident

Reste vif ! Ta noblesse est alimentée par des braises

D'un feu ardent et chaleureux

Je me pâme ma beauté surpuissante

113- Zoé

Les poètes ont ri

La première fois qu'ils ont compris la vie

Savoir s'y prendre avec elle

Alors qu'elle nous a tout donné

Certains l'appellent Zoé

L'amour nous tient compagnie

Elle tient sa douce chaleur

De la sève du divin

Et son essence de son esprit

© 2016, Drira, Ismail, « Le Sorcier »
Edition : Books on Demand,
12 / 14 rond-point des champs Elysées, 75008 Paris
Impression : BoD - Books on Demand Norderstedt, Allemagne
ISBN : 9782322043828
Dépôt légal : Mars 2016